AF563628

ABRÉGÉ

DE LA VIE

DE

L'ABBÉ MAYNEAU.

ABRÉGÉ
DE LA VIE
DE
L'ABBÉ T.-J. MAYNEAU,

PRÉDICATEUR DE FRANCE, PRÊTRE DE BÉZIERS,
EX-PROFESSEUR D'ÉLOQUENCE ET DE
PHILOSOPHIE, ETC.,

AUTEUR DU TRAITÉ DES ABUS DE LA FRANCE ET DU GÉNIE DU SACERDOCE.

PAR L'ABBÉ CAVALIÉ,
PRÊTRE, DOCTEUR EN THÉOLOGIE, ETC,

ET PAR SIÈGÉS,
PROFESSEUR.

Ecce sacerdos qui in diebus suis placuit Deo. sc. s.

PARIS,
CHEZ STAHL, IMPRIMEUR-LIBRAIRE,
QUAI DES AUGUSTINS, N° 9.

1829.

IMPRIMERIE DE STAHL,
Quai des Augustins, n° 9.

ABRÉGÉ
DE LA VIE
DE
L'ABBÉ MAYNEAU.

Rien n'est plus intéressant que la vie de l'abbé Mayneau : elle offre les merveilles de sa charité, qui, réunis aux œuvres de son génie, de son zèle, de son héroïsme dans son glorieux ministère, laissent le sage dans l'étonnement, dans l'enthousiasme, et le forcent à convenir qu'il est rare de voir de semblables ecclésiastiques ; c'est ce qui nous engage à mettre au jour les traits les plus frappans de sa vie.

Nous ne voulons point entreprendre de le faire admirer par sa naissance, nous nous contenterons de dire uniquement que, de tout temps, sa famille (1) a été remplie de nobles sentimens de justice et de religion ; elle compte dans son sein des guerriers honorables, des prêtres distingués par leur dignité, leur science et leur piété, d'excellens médecins, et plusieurs religieuses vénérables, et, bien loin d'avoir éprouvé l'apparence de la tâche la plus légère, elle jouit d'une réputation solide, quelle a puisée dans la nuit des temps, et dont tous ses contemporains, et ses ennemis même, sont forcés de convenir.

Beziers (2), ville charmante, fut le lieu où la Providence voulut qu'il ouvrit les yeux à la lumière. Tout annonça, dès son enfance, ce qu'il serait un jour ; l'obéissance, la sagesse, l'intelligence qui commençaient

(1) De Béziers, département de l'Hérault. — Pays du député Viennet et du célèbre docteur Bourguet, qui, depuis quarante ans, y fait des merveilles en médecine.

(2) Ville du département de l'Hérault, au Midi de la France. Elle est si admirable par les charmes de sa campagne pittoresque, de son terrain fertile et de son climat heureux, qu'on dit proverbialement, que « si Dieu voulait habiter sur la terre » il habiterait Béziers. »

Si Deus in terris vellet habitare Bitteris.

à briller en lui attirèrent bientôt les regards de ses voisins.

Ses parens religieux, auxquels la Providence le donna, eurent soin de bonne heure de son éducation; on remarquait partout qu'il se distinguait sur ses semblables : à la maison il était un modèle de vertu, au collége il était aimé et respecté de tous ses compagnons d'étude.

Dès le moment qu'il fit sa première communion il suivit constamment l'usage de communier chaque trois semaines ou chaque mois; il commença à entendre la messe tous les jours à cinq heures du matin dans le beau temps, et à six heures pendant l'hiver : qu'il tombât de la pluie, de la neige, ou qu'il gelât, il s'y rendait toujours, et quelquefois au milieu des ouragans, au milieu des éclairs et du tonnerre.

Ce qui prouve la ferveur de son ame, c'est que personne ne l'avait engagé à toutes ses œuvres de religion, et ce n'était que par l'unique mouvement de sa piété qu'il agissait ainsi : c'était au seul son de la cloche qu'il se levait tous les matins : il était si expéditif et si éveillé qu'au premier coup qu'il entendait, il sautait aussitôt du lit, et avait le temps de s'habiller et de se rendre à l'église pour entendre la messe; les habitans de la paroisse, témoins de cette belle conduite, pendant cinq années consécutives (1), ne purent s'empêcher de l'admirer et l'admirent encore.

Pendant cette époque, il avait soin de donner aux pauvres tout l'argent qu'il recevait de ses parens. On le vit à cet âge tendre pratiquer les austérités des anachorètes; il quittait quelquefois son lit et couchait volontiers sur la paille, sur des sarmens, ou sur la dure : tous les enfans de son temps savaient cela, et rien n'était plus affligeant pour lui que lorsqu'on lui en faisait un reproche. Tout les vendredis et samedis il se privait de vin; il n'avait embrassé ces austérités qu'à l'exemple des saints, dont il lisait une vie chaque jour : ces choses sont difficiles à croire, cependant les domestiques de la maison et les voisins en furent témoins oculaires, et plusieurs vivent encore.

Il n'avait aucun goût pour les jeux, ni

(1) C'est-à-dire jusqu'au moment où il fut au séminaire.

pour les amusemens ordinaires, moins encore pour la licence; aucun de ses condisciples n'a jamais pu dire qu'il ait été témoin de la plus simple faiblesse de libertinage de sa part : il était regardé et aimé de tous comme un enfant bon et sincèrement vertueux; les seuls délassemens de ses études étaient les beaux-arts et quelques arts mécaniques ou physiques.

Il fit une petite machine de bois pour moudre le blé; il travailla à ce petit ouvrage tout un hiver avec succès, sans jamais avoir vu l'intérieur des moulins, de manière qu'à un âge si peu avancé, il aurait inventé le moulin, s'il n'eut pas existé avant lui : plusieurs de ses condisciples se transportèrent chez lui pour admirer cet ouvrage, et essayèrent envain de l'imiter.

Il composa une petite chaudière en verre où il faisait de l'eau-de-vie, et la donnait à ses amis qui allaient contempler ce travail amusant du *jeudi* (1); il serait trop long de raconter toutes les choses industrieuses qu'il

(1) Dans la suite pendant qu'il fut professeur. il fit deux inventions pour écrire et pour réciter; il les réussit dans vingt jours sur des personnes très-bornées.

fit dans ses momens de loisir; car l'étude n'y perdait rien, et ce n'était qu'à temps perdu qu'il s'occupait à ces sortes d'amusemens.

Il s'adonnait aussi au dessin, à la peinture, à la sculpture, à la musique : il fit, en six grandes estampes, un ouvrage complet de dessin (l'*Histoire de Joseph vendu par ses frères.*); ainsi que quelques tableaux de peinture. Il fit lui-même, sans l'aide de personne, en sculpture, son portrait naturel, qui lui ressemble parfaitement. Tous ces objets qu'il fit lui-même, sans jamais avoir reçu des leçons d'aucun maître (témoins tous ses condisciples), sont conservés encore dans la maison paternelle; il réussissait toujours d'une manière admirable dans tout ce qu'il entreprenait sur les arts mécaniques ou physiques, ou sur les beaux-arts : aussi les vrais connaisseurs ne pouvaient s'empêcher de dire que ce jeune homme était véritablement né avec du génie.

On admirait en lui un bon sens, une prudence, une sagesse qu'il était rare de trouver parmi les jeunes gens instruits, de son âge; il avait toujours des réponses pleines d'esprit, et une intelligence à saisir les objets les moins intelligibles.

On est tenté de croire que la Providence le conserva particulièrement dans son enfance, si on considère les catastrophes où il s'est trouvé, et d'où il est sorti sain et sauf: nous allons en rapporter quelques-unes principales, comme des choses qui peuvent intéresser le lecteur.

En s'amusant un jour dans une des maisons paternelles, autour d'un pressoir à huile d'olive, il tomba, sans être vu de personne, dans un tonneau rempli d'eau ; la chute ayant causé un bruit sourd, un des ouvriers, heureusement peu éloigné de là, fut voir, par curiosité, s'avança, et ayant vu l'eau en agitation, il enfonça son bras dans le tonneau et l'en arracha sans respiration, mais il revint à la vie, cinq minutes après qu'il eut été exposé à l'air.

Vers un âge plus avancé, en s'amusant à jouer au mail, il se laissa tomber dans un fossé énorme, rempli d'eau, en voulant pêcher sa boule; heureusement une femme qui lavait du linge l'en arracha après plusieurs efforts et plusieurs grands cris.

En tirant un petit canon, la mèche ne voulant pas prendre, après quelques instans il souffla, par imprudence, sur l'amorce; tout à coup le canon partit, se creva et ne blessa par bonheur que l'index de la main gauche, où une légère cicatrice s'aperçoit encore.

En sortant du collége, un beau soir d'été, il suivit, avec ses condisciples, des soldats qui allaient se battre en duel; l'un d'eux, indigné de se voir suivi par des enfans, sort le sabre du fourreau et le lance avec fureur, de trois ou quatre pas de distance, sur les enfans, et aussitôt la garde du sabre nu frappa le milieu de son dos et si fortement qu'il le fit fléchir en arrière; mais il en fut quitte en supportant une douleur passagère pendant quelques semaines.

Dans une promenade d'agrément, la monture sur laquelle il était, en reculant, par crainte de quelque objet ombrageux, se précipita, avec lui, du haut d'un pont, et, par un effet du hasard, la monture ni lui ne reçurent aucun mal. De combien d'autres accidens fâcheux ne s'est-il pas arraché; nous parlerons des plus intéressans dans la suite de sa vie. Il semble réellement que la Providence ne voulut point priver la société d'un homme qui lui serait un jour utile.

Au séminaire il fut un modèle de piété; il était le plus exact de tous, soit pour le lever au premier son de la cloche, soit pour toute sorte de choses. Ses condisciples l'ont toujours regardé comme un exemple de vertu, et disaient que, depuis sa première communion, il n'avait jamais commis de faute grave. Il ne faut pas croire que ce fut un homme sévère et mélancolique, d'un air farouche; mais au contraire, il était toujours aimable, riant et bon avec tous ses confrères, avec les plus grands comme avec les plus petits, avec les plus savans comme avec les plus ignorans. Le supérieur du séminaire, M. Bastet, chanoine, vicaire-général honoraire, l'a toujours montré comme le plus vertueux de son temps : aussi il occupa la première place au premier banc d'honneur : il fut grand-lecteur et premier maître d'étude. Sa conduite était si édifiante, on voyait en lui si bien l'homme fait, qu'on lui donnait dix ans de plus que n'avait, et quand, dans la suite, il a voyagé on lui à donné dix ou douze ans au-dessus de son âge.

Quand à la science, il était très-studieux; on prétend qu'il portait l'humilité à paraître ignorant; sachant beaucoup, il faisait semblant de ne rien savoir. Il remporta le premier prix d'éloquence sur tous les condisciples de son temps, non-seulement de ceux qui étaient de la même classe, mais encore sur ceux qui avaient huit ou dix ans d'âge, ou trois ou quatre ans de théologie plus que lui. Le professeur d'éloquence, M. Guibaut, chanoine distingué par ses hautes vertus et ses rares talens, fit son éloge public devant tout le séminaire assemblé, en montrant son premier discours comme une merveille, et lui comme un modèle de vertu.

Sans aucune protection il fut ordonné prêtre long-temps avant l'âge requis par les lois canoniques, parce que le conseil de son évêque jugea prudemment qu'il était prématuré. Il fut fait aussitôt vicaire de première classe dans la paroisse de Saint-Denis, à Montpellier, ville épiscopale; il commença à exercer son ministère avec autant de facilité qu'un grand nombre a de la peine à s'en acquitter au milieu de leur carrière. Il y prêcha le premier dimanche qu'il y parut, et se concilia aussitôt l'estime de tout le monde, ayant la prudence de ne jamais parler ni d'opinions, ni de partis, mais il ne s'occupait que de ce qui avait rapport à son état.

Il secourait avec beaucoup de soins les malheureux; il se rendait avec la plus grande activité auprès des malades soit l'hiver ou l'été, le jour ou la nuit. Il leur donnait tout ce qu'il avait : on l'a vu aller emprunter treize francs à son curé pour faire habiller un prisonnier de son pays, auquel il avait fait mitiger la peine.

Il prêcha dans plusieurs églises de Montpellier, et bientôt sa réputation se répandit dans tout la ville : on vit dans l'abbé Mayneau l'image d'un véritable apôtre; la prophétie du Sauveur se réalisa dans sa personne d'une manière indubitable : *quid quid venenum biberint non eis nocebit.*

Après deux ans environ de vicariat, il fut nommé curé de Murviel, près de Montpellier, où il fit toute sorte de bien : il visitait soigneusement les malades, consolait les malheureux; il pansait quelquefois leurs plaies dégoûtantes, les soulageait par ses avis salutaires, et par toute sorte de moyens qui étaient en son pouvoir: il remplissait les devoirs de son état avec toute l'exactitude possible, faisant briller partout son caractère heureux et pacifique. Pendant le Carême et pendant l'Avent, il prêchait trois fois la semaine, mettant la paix partout, unissant tous les esprits en faisant du bien à tout le monde, quelque opinion qu'ils eussent, quand ils le méritaient. Il fit faire une tribune vaste et magnifique, et un beau tabernacle en marbre. Aussi tous ses paroissiens répétaient sans cesse à l'envi, qu'ils n'avaient jamais vu un curé semblable.

Ses paroissiens se confessèrent à lui; tous les hommes, à l'exception de sept et toutes les femmes à l'exception de trois. Chose étonnante qu'on n'a jamais vu en France, ni dans aucune église du diocèse de Montpellier. Quant il quitta la paroisse et qu'il en eut donné sa démission, tout le monde le regrettait d'une manière frappante; une foule de gens marquans l'accompagnèrent les larmes aux yeux jusqu'à un quart de lieue de la paroisse. Cela prouve qu'un bon prêtre pacifique, et justement tolérant selon les lois, avec un bon esprit, fait un grand bien à la religion et à l'État.

Sa conduite a été toujours admirable et irréprochable, et jamais la calomnie n'a pu la ternir; quoique le véritable mérite ait toujours ses ennemis, d'ailleurs il est impuissant à l'acte conjugal d'une manière physique, par une brûlure faite dès son bas âge (1); chose hors de doute, et vraiment merveilleuse dans un prêtre distingué par sa science et ses vertus, surtout dans le siècle actuel....

Nous avons oublié de dire que pendant qu'il était curé, une guerre intestine s'éleva dans une paroisse voisine, nommée *la Verune*, contre le curé qui était un brave prêtre, faisant du bien aux pauvres; mais qui sans esprit de tolérance, insultait

(1) Nous croyons rendre un très-grand service au Clergé en écrivant la Vie de l'abbé Mayneau, quand ce ne serait que pour rapporter ce seul fait dans le siècle pervers où nous vivons. Il a entièrement en lui tout ce qui constitue l'homme sans être irrégulier.

quelquefois en chaire ses paroissiens, quelquefois même il apostrophait des individus au milieu de l'église, par un zèle outré. L'instituteur, âgé de 58 ans environ, qui venait d'être interdit par ses ordres, lui faisait une guerre secrète avec tous les paroissiens, de manière que, malgré les autorités, l'instituteur enseignait secrètement : si l'autorité avait entrepris de lui envoyer un instituteur nouveau à titre, le peuple irrité l'aurait massacré ou chassé de la paroisse : le conseil du comité ne savait comment faire. Le président nomma le curé Mayneau député, avec autorisation de faire ce qu'il jugerait convenable pour mettre la paix dans cette paroisse.

L'abbé Mayneau, après avoir reçu l'avis du président du comité, monte à cheval, et se rend de suite à la succursale où était le désordre : il va trouver le curé comme étant le plus vieux; et, comme c'était le curé qui avait fait destituer le précepteur, il était à craindre que son amour-propre ne voulût pas le mettre en place, et il n'y avait que ce seul moyen pour mettre la paix; la chose était très-délicate. L'abbé

Mayneau montra au vieux curé les grands malheurs qu'il s'ensuivrait s'il ne remettait pas l'instituteur en place : il le fit consentir, en ajoutant que l'instituteur lui demanderait pardon : il fut voir le maire afin de le mettre d'accord avec le curé, pour rétablir le précepteur, s'il venait demander excuse, et par là obtenir sa permission. Il se transporta aussi chez l'instituteur, et lui annonça que, pour entrer en fonction, il fallait se soumettre à l'autorite du curé et du maire, en demandant excuse, afin de flatter l'amour-propre des deux autorités, et d'obtenir sa liberté plus aisément; la chose était bien difficile : aussi il engagea l'instituteur à se transporter de suite chez le maire et chez le curé, afin d'exécuter la chose, et que sitôt qu'il aurait obtenu, il reprit publiquement son école; parce qu'il prévit qui si le curé avait le temps de refléchir, il ne consentirait pas. Le précepteur exécuta ponctuellement les ordres de l'abbé Mayneau : il obtint la chose, et ouvrit le lendemain son école ostensiblement. Tout le monde fut dans la jubilation la plus grande, le curé semblait être fâché d'avoir consenti; mais dans la suite, il fut bien aise de la chose, et admira le génie de l'abbé Mayneau, prêtre depuis trois ans. Ainsi ce vieux curé de soixante ans, qui vit régner la paix profonde dans la paroisse, apprit de ce jeune ecclésiastique à être pacifique. Tous les habitans de cette paroisse ne formaient qu'un concert de louanges en faveur de l'abbé Mayneau, quelques-uns d'entre eux lui portèrent dans son presbytère de jeunes lauriers pour y être plantés afin d'éterniser cette action mémorable.

Embrasé du désir de s'instruire d'avantage dans la science de son état et dans toutes les sciences utiles et agréables, l'abbé Mayneau refusa avec respect un emploi que lui offrait son évêque dont la lettre est conservé, et résolut d'aller prêcher dans les principales villes de France. Il commença à Bordeaux, ensuite à Toulouse, à Narbonne et à Béziers, sans parler de Montpellier et des paroisses voisines, où il avait prêché avec un brillant succès : il prêcha dans le diocèse de Nîmes à Villeneuve, où il fit une station de Jubilé avec un succès étonnant : il prononça le sermon de la Passion, avec tant de zèle et d'éloquence, que tout l'auditoire fondait en larmes: plusieurs personnes instruites d'une ville voisine, venant pour l'entendre prêcher, ne purent pas même se placer sur la porte de l'église qui était entièrement pleine.

Immédiatement après le dernier discours qu'il prononça, cinquante hommes jeunes, ou d'un âge mûr se rendirent dans le presbytère pour demander à se confesser; un grand nombre de femmes assiégèrent les confessionaux. (C'est dans cette ville que le père Bridaine termina ses prédications).

Pendant le Carême de 1827, il prêcha dans une des plus grandes paroisses de la ville d'Avignon, où l'on vit beaucoup de fruit de son zèle apostolique. Un soir, prêchant sur la miséricorde de Dieu, un vieux prêtre égaré qui l'entendit, fut touché et se convertit, et ayant été trouver l'abbé Mayneau, il lui manifesta le désir de passer le reste de ses jours à la Grande-Chartreuse: l'abbé Mayneau, voyant de la sincérité dans ses paroles, lui promit de s'y transporter pour l'y faire recevoir. Après le Carême il part pour Grenoble, comptant pour peu de chose l'argent, les fatigues et les périls, lorsqu'il s'agit de sauver une ame.

Arrivé à Grenoble, on lui indiqua le plus mauvais chemin de la Grande-Chartreuse, au milieu des plus hautes montagnes qui égalent celles des Alpes, et quoique dans le mois d'avril, il y avait trois pieds de neige dans certains endroits, dans certains autres le chemin était mauvais, tortueux, pierreux, jamais uni, mais toujours montagneux; dans quelques autres endroits la neige, creusée par des ruisseaux, formait des ponts de neige glacée, où il fallait passer nécessairement, dans lesquels son cheval et celui de son guide pouvaient à peine se tenir; à chaque deux ou trois pas ils enfonçaient leurs jambes dans la neige ou dans des trous, et ne pouvaient les retirer qu'avec difficulté : quelquefois ils ne pouvaient pas avancer, c'était d'autant plus affreux, qu'ils étaient obligés de passer dans des petits chemins étroits bordés de précipices énormes.

Dans un moment son guide, qui était à cheval comme lui, perdit la route, à cause de la neige qui couvrait le chemin : ils restèrent tous les deux un moment assez long et assez pénible, sans savoir quelle route prendre, au milieu d'une forêt immense de pins, où régnait un morne silence, et un temps sombre suivi d'une pluie légère; au milieu de cette forêt où on avait tué un ours depuis quinze jours, et où la mère et les petits étaient encore : enfin, ils trouvèrent le chemin, après plusieurs recherches, et continuèrent leur pénible voyage.

Il faut noter que le soir, s'étant arrêté au bas d'une montagne nommée le *Sapé*, dans une petite auberge couverte de chaume : ils couchèrent sur un lit de paille, après avoir soupé fort sobrement; ils se levèrent à quatre heures du matin, et se mirent en marche. Quand l'abbé Mayneau s'aperçut que la route était si affreuse et si périlleuse par les précipices qui la bordaient, par la neige et par le mauvais temps, il aurait retrogradé; mais comme il avait promis de se rendre à la Chartreuse, pour gagner cette ame à Dieu, en l'y faisant recevoir, il résolut de marcher toujours, de vaincre ou de mourir. En avançant dans quelques endroits couverts de neige, il donna un coup d'éperon à son cheval pour lui faire franchir un trou : le cheval, au lieu d'aller droit, se détourna par crainte subitement ; et, se jettant sur un tas de neige, disparut aussitôt : l'abbé sauta de suite du cheval, et l'arracha avec le guide du milieu de la neige après beaucoup d'efforts. La pluie qui tombait, rendant le voyage et les fatigues plus désagréables, et les périls plus grands, il se détermina à marcher, et fit deux heures de chemin à pied : il enfonça dans un trou la jambe gauche, où il ressentit une douleur pendant quinze jours.

Enfin l'abbé Mayneau, après beaucoup de sueurs, arriva à la Grande-Chartreuse, parla au vice-vicaire-général, en l'absence du général, pour y faire recevoir ce prêtre qui s'était converti à Avignon, duquel il portait une lettre signée, et pour l'ame duquel il avait tout sacrifié en allant dans ce désert; on lui promit de le recevoir. Quelques momens après il célébra dans une petite chapelle la messe, qu'un Chartreux lui servit, et partit de suite après avoir dîné dans le couvent. Il faut avouer que l'abbé Mayneau montra le courage du Bon-Pasteur de l'Evangile, qui donne sa vie pour ses brebis; et s'il est vrai qu'il y ait des traits d'héroïsme dans les fonctions du Sacerdoce, il est certain que c'en est un des plus beaux et des plus dignes de mémoire.

Il revint à Grenoble, où il prêcha dans l'église de Saint-Louis; et de-là, il entreprit une station de Jubilé à Voiron, ville de ce diocèse, à la tête de douze curés d'alentour, qui entendaient les confessions, et dont plusieurs firent quelques discours. Le bien fut si grand qu'au bout de quinze jours il fit faire une communion générale de quinze cents ames; la ville n'étant peuplée que de huit mille ames : son zèle et son éloquence eurent un succès prodigieux. Le dernier discours qu'il prononça arracha des larmes à tout l'auditoire, même aux prêtres qui étaient présens; chose surprenante!... On n'entendait que des sanglots dans l'église, les femmes, les vieillards, les enfans et les hommes versaient des larmes en abondance, en ne prêchant toujours que la fraternité, l'union et la vénération envers le souverain et l'Etat.

Après ces conquêtes triomphantes et victorieuses, il se rendit à Lyon où il prêcha en passant (on n'avait pas encore terminé le Jubilé) ; de là il se rendit à Paris où il arriva le jour de l'Ascension, dans le mois de mai 1827, sans y avoir aucun ami ni aucune protection. Il prêcha le dimanche suivant dans l'église de Saint-Roch, ainsi que le dimanche et le lundi de la Pentecôte, et plusieurs autres dimanches après.

Par une circonstance singulière il fut passer un mois dans le diocèse de Versailles, où il prêcha, et un mois après à la ville de Saint-Denis. Etant de retour à Paris il fut amené par une de ses connaissances au ministère des affaires étrangères, pour remplacer l'aumonier qui fut passer quelques jours à la campagne ; là, l'abbé Mayneau eut le bonheur d'être connu de l'illustre baron de Damas, ministre, actuellement gouverneur de S. A. R. Monseigneur le duc de Bordeaux. Son Excellence le créa aumônier particulier de madame la baronne. Il y rem-

remplit ses devoirs avec une exactitude rare; ce qu'on a toujours admiré en lui partout, et ce qu'on admire tous les jours encore; cette seule chose prouve qu'il est continuellement maître de son bon esprit, qui agit contamment par règle, avec mesure et sagesse.

Pendant ce temps-là et dans la suite, il prêcha à Paris, dans la paroisse de Saint-Sulpice, à l'église de l'Assomption, à Notre-Dame des Blancs-Manteaux, à Notre-Dame des Victoires et à Saint-Germain-l'Auxerrois, paroisse royale, etc., etc.

Son éloquence pure, mâle et onctueuse étonne les amateurs de l'art oratoire; il fait pleurer à volonté quand le sujet le demande : il faut l'avoir entendu pour en avoir une juste idée. Beaucoup de savans qui l'ont entendu à Paris l'ont regardé comme un orateur rare, et n'ont jamais pensé qu'il eut reçut son éducation dans la Gascogne, mais dans la capitale, lui donnant dix on douze ans au-dessus de son âge; pour nous, qui l'avons entendu dans différentes églises, nous pouvons assurer, sans contredit, qu'il est un des meilleurs prédicateurs de notre illustre nation.

Sa conduite a été toujours non-seulement édifiante, mais encore un modèle à suivre. Il a eu toujours la coutume de se lever grand matin, et c'est ce qu'il fait chaque jour à Paris. Pendant deux ans et plus qu'il a habité la capitale, il a demeuré dans la même maison (1), vis-à-vis l'église Saint-Roch, où il va faire sa prière, prosterné sur le pavé, et recevoir la bénédiction du saint Sacrement tous les soirs à six heures en hiver, et à sept heures dans les belles saisons, sans jamais discontinuer. Toutes les personnes religieuses qui fréquentent cette église, et tous les prêtres qui la composent, sont édifiés de sa piété et de sa vive foi.

Dans son appartement tout annonce la simplicité évangélique : on n'y voit point de luxe. Il n'y reçoit que d'honnêtes gens. Il ne se sert que d'un domestique mâle, pour ses affaires absolument nécessaires.

(1) Dont le chef, M. Degenetais, savant pharmacien, fort estimable; son épouse, trés-vertueuse, dame de charité, et ses bons élèves, sont de vrais témoins de la conduite édifiante de l'abbé Mayneau.

Dans toutes ses démarches, dans toutes ses actions et ses paroles on voit régner la modestie et la piété d'un homme apostolique, qui ne s'écarte jamais de ses devoirs.

Excepté dans les voyages, ou dans quelque nécessité absolue, il dit tous les jours la messe. Quand il est à l'autel, on croit voir un prélat de cinquante ans, rempli d'une majesté vraiment sacerdotale.

Nous pouvons assurer qu'il est plus religieux qu'il ne paraît; il est bon, charitable avec tout le monde, et surtout avec les pauvres, qu'il reçoit chez lui toujours gaîment, il aime à rendre service à tous les honnêtes gens, soit pour leur donner des conseils, soit pour les obliger. On le vit autrefois, à Montpellier, faire une lieue pour aller porter une paire de souliers à un pauvre prisonnier de son pays, et faire mitiger la peine à d'autres compatriotes détenus, adoucir leur infortune par quelque aumône et par plusieurs visites. Maintenant, quand il a de l'argent en superflu il le donne aux malheureux de son pays. L'année passée, 1828, ayant appris qu'un de ses compatriotes était incarcéré pour une dette civile de six cents francs, et qu'il pouvait être détenu jusqu'à l'âge de soixante ans, selon quelque loi, s'il ne l'acquittait pas : l'abbé touché de son infortune fut le visiter plusieurs fois dans la prison, et fit beaucoup de démarches pour accommoder cette affaire avec la partie adverse : la chose était bien difficile; mais, par sa charité touchante, il parvint à faire l'accommodement pour trois cents francs; il reussit ainsi a tirer ce malheureux des fers, en prêtant lui-même les trois cents francs, sans jamais avoir vu ni connu auparavant ce compatriote.

Il y a environ deux mois, un jeune homme de son pays, très-honnête et bien élevé, qui lui avait été recommandé par un personnage distingué, lui fit connaître l'état de son malheureux sort; lui dit qu'il était abandonné de tout le monde, et même de ses parens, et qu'ainsi il périrait sans ressource, s'il ne venait pas à son secours. Dans ce moment l'abbé Mayneau était dépourvu d'argent; il le prit chez lui, fit tirer les matelats de son lit, pour faire coucher ce pauvre compatriote, et lui-même couchait sur la paille; il le logea et le nourrit pendant un mois et demi, en partageant son nécessaire et lui prodigant toutes les douceurs de sa charité héroïque. Il ne faut pas s'étonner de cela, son unique plaisir n'est que de faire du bien, même à ses ennemis; et jamais personne ne pourra prouver qu'il ait fait du mal à qui que ce soit dans un temps quelconque de sa vie.

Avec la brillante santé dont il jouit, on ne croirait jamais combien il est sobre, soit avec ses semblables, soit avec les prélats, soit à la cour. Il fait maigre tous les jours, il se prive de viande et de vin, et il jeûne souvent dans la semaine; c'est la preuve incontestable de la sagesse de toute sa vie. On ne le voit point aller perdre le temps en promenades; il écrit continuellement, depuis le grand matin jusqu'au soir : il ne sort jamais lorsqu'il est nuit, à moins d'une affaire extraordinaire et absolument nécessaire. Il va se confesser chaque quinze jours; quelquefois plutôt, quelquefois plus tard, selon les dispositions de sa conscience. Son confesseur est M. Marduel, curé de Saint-Roch, à Paris, un des prêtres les plus distingués et les plus vénérables de la capitale par sa piété et par sa science profonde, étant docteur en Sorbonne, et ayant été illustre confesseur de la foi : en son absence, il se confesse à M. Marduel, second vicaire, d'un mérite très-éminent, qui a fait des ouvrages d'esprit; il faut avouer qu'un pareil choix prouve sa foi vive et la ferveur de son ame.

Depuis le moment qu'il fut au séminaire jusqu'à aujourd'hui, il n'a jamais quitté sa soutane pendant un seul jour, pas même dans ses voyages. Toutes les formes de l'habit et des ornemens ecclésiastiques ont été toujours et sont encore portées par lui selon les lois canoniques de France (C'est ce que conseille beaucoup notre admirable et illustre archevêque de Paris, qui est rempli de zèle). Ainsi on peut dire, sans que personne puisse justement nous contredire, que l'abbé Mayneau est un des prêtres les plus vertueux et les plus réguliers de l'Eglise gallicane.

Peu de gens peuvent s'imaginer combien il est rempli de talens et de science, il a lu et approfondi des milliers de livres : il a une mémoire qui, sans être prodigieuse, est extraordinairement solide, elle lui fait rappeler sans rien confondre, tout le beau, tout l'essentiel dans les ouvrages d'esprit, comme aussi dans les objets matériels, physiques ou moraux, qu'il a coutume de très-bien observer continuellement dans la pratique, dans le cours de sa vie.

Il a des notions claires de toutes les histoires anciennes et modernes, profanes ou sacrées, de toutes les lois des anciens peuples et du monde moderne; il n'ignore aucun des excellens auteurs grecs et latins; il n'est point de bons auteurs français, soit en prose, soit en vers, dont il ne connaisse quelques beautés et dont il ne sache apprécier le mérite. Il a dans sa bibliothèque cent-cinquante mains de papier qu'il a écrit et composé lui-même sur différentes matières, sur la théologie, sur l'Ecriture-Sainte, sur la réthorique, sur la philosophie, soit en sermons, soit en panégyriques, soit en discours politiques ou littéraires, etc. Il est tellement savant que dans les conversations il paraît plutôt cacher sa science que de la faire paraître : aussi rien ne l'étonne dans les vicissitudes de la vie; il voit tout avec une tranquillité d'ame qui ravit, et qui décèle en lui le germe du véritable savant et du vrai sage.

Une société savante de Paris a été tellement convaincue de tout ce que nous disons qu'elle a fait des efforts étonnans, cette année, pour engager l'abbé Mayneau a entrer dans leur corps, en lui promettant dix mille francs de rente; mais comme sa foi aurait été compromise, il n'a pas voulu accepter, malgré toutes les visites et toutes les sollicitations qu'on lui fit pendant l'espace de trois mois, dans un temps critique (1); mais en véritable apôtre, il aima mieux demeurer dans la position où le Ciel le conservait, que de monter en triomphe au milieu d'une gloire mondaine. *Elegi abjectus esse in domo domini, priusquam esse primus in tabernaculo peccatorum.* Voilà un trait de véritable confesseur de la foi catholique, apostolique et romaine, pour laquelle il a juré un attachement inviolable jusqu'au dernier soupir, dans ses écrits qu'il a soumis volontairement et avec avantage au saint Siége, depuis huit mois environ, sans que

(1) Nous avons écrit l'adresse, le nom des personnes et des témoins.

cela l'ait empêché de se montrer sincèrement attaché aux libertés de l'Eglise gallicane dont il se déclare le juste défenseur, ayant toujours en horreur les schismes, les hérésies, et le jansénisme, comme il le dit fort bien lui-même dans une note.

Rempli de zèle pour la religion, voyant que partout on disait que la France allait devenir protestante (et c'est ce que l'on dit encore); apercevant d'un côté un parti qui injuriait le chef de l'Eglise pour louer le chef de l'Etat, et d'un autre côté, un parti injuriant le chef de l'Etat en louant le chef de l'Eglise, et que tous ainsi, voulant défendre leurs propres sentimens, tendaient à renverser le véritable trône et le véritable autel. C'est ce qui l'engagea à composer le *Traité des Abus de la France*, pour y montrer les abus des lois divines et humaines, afin de défendre les autorités vénérables attaquées, les peuples opprimés qui en sont les victimes, et par ce moyen unir les partis et rétablir la paix et la concorde; ainsi dans cela il n'a fait que continuer son dévouement pour le chef suprême. Autrefois il avait manifesté sa bravoure dans une circonstance remarquable; dans cet ouvrage il la montre par les armes de la parole. L'abbé Mayneau, dans son Traité, embrasse tous les abus, ses idées ne sont que sur les abus, il ne craint qu'abus, il ne prend de précaution que contre eux, il ne cherche qu'à rétablir les grands et vrais principes qui attachent l'homme à Dieu et à son souverain : ce n'est point par des sophismes étudiés qu'il le montre, mais en rappelant à-propos, d'une manière admirable toutes les lois anciennes et modernes de notre nation et de différens peuples; c'est un service qu'il rend à la religion et au trône, et qui doit exciter notre reconnaissance.

Il dit dans cet ouvrage précieux tout ce qui convient à un savant ecclésiastique, à un littérateur, à un homme-d'état, à un grand publiciste qui connaît toutes les lois humaines et divines, il en montre les profanations à ceux qui ont le pouvoir de les rétablir. A qui cela pouvait-il mieux convenir qu'à un prédicateur de France de fait et de titre, dans un temps où chacun est libre de dire ce qu'il pense sur toutes les classes de la société?

Aussi le *Journal des Débats*, en date du

11 novembre 1828, a eu raison de dire : « Voilà un grand homme, le Fénélon de » notre siècle, qui ne craint pas de se com- » promettre pour la cause commune, pour » la Charte et pour le souverain qui la pro- » tège : son ouvrage, qui traite des abus de » la France, est admirable, curieux et ins- » tructif : il réunit à la pureté du style, la » force de l'éloquence : il joint au génie de » l'homme d'état la sagesse du législateur, il » a reçu des éloges de quelques journaux, et » de plusieurs personnages remarquables. »

Il vient de faire paraître, cette année-ci, un ouvrage intitulé *le Génie du Sacerdoce* ou *la Gloire des bons prêtres*; c'est un ouvrage vraiment précieux, qu'il a divisé en trois livres : livre premier, *Génie bienfaisant;* livre second, *Génie héroïque;* livre troisième, *Genie littéraire.* Cet ouvrage manque au clergé : il est donc d'un très-grand avantage; il y montre les bienfaits que le Sacerdoce a rendu et rend tous les jours à la société : il y fait briller les traits d'héroïsme qui nous ravissent, mais auquel l'homme n'avait jamais pensé. Le dernier livre est une espèce de cours de littérature ecclésiastique, où l'on voit les traits admirables de sa plume féconde. Jamais aucun auteur n'avait montré ses écrivains du Sacerdoce avec autant de pompe. Le clergé s'honorera, dans les siècles futurs de ce prêtre distingué par ses vertus, ses talens et son génie; et la postérité dira toujours que l'abbé Mayneau a fait *la Gloire du Sacerdoce.*

Nous sommes bien aise de faire remarquer qu'il ne fait que commencer, et que son intention est de faire paraître un ouvrage chaque année.

Tout ce que nous rapportons dans cet abrégé intéressant est du ressort des yeux, et est prouvé par des certificats. Tout le monde sait qu'en voyageant, les gens les plus vertueux se munissent de bons certificats; c'est pourquoi avant de quitter son pays, on lui délivra des attestations honorables de son bon esprit de paix et de sagesse rare dont il avait donné des preuves toute sa vie, tant le civil que l'ecclésiastique dont l'un des membres a signé.

Le curé de sa paroisse lui délivra un certificat, où il fait un grand éloge de la piété de l'abbé Mayneau, de son zèle et de l'édification qu'il a toujours donné pendant qu'il demeura dans sa paroisse. Son évêque, M. Fournier, grand prédicatenr, qui a beaucoup prêché àla capitale, rend témoignage à ses vertus, lui témoigne son estime et *son affection* dans des lettres particulières qui sont conservées encore; sa grandeur lui déclare, dans un exéat très-favorable et très-honorable qu'il lui demanda, que personne n'a rien à lui reprocher, qu'il a été toujours régulier, et qu'il n'a jamais été sous aucune censure.

Il possède encore d'excellens certificats qui prouvent les brillans succès, avec lesquels il a exércé son ministère évangélique dans un grand nombre de villes de France. Il possède aussi une lettre apostolique qui montre évidemment l'autorité légitime qui l'approuve, et dont il n'a fait usage que pour la gloire du trône et de la religion d'une manière toujours pacifique.

Etant à Paris, M. le baron de Damas, actuellement gouverneur de S. A. R. Mgr. le duc de Bordeaux, lui délivra un certificat du temps qu'il avait été son aumônier, où l'on voit qu'il atteste qu'il a une conduite admirable et qu'il est *un homme d'honneur*. Des attestations de M. le Marduel, curé de Saint-Roch, à Paris, prouvent non-seulement sa science solide, ses vertus et sa conduite édifiante, mais encore qu'il est capable de remplir avec fruit les devoirs de son état à la capitale. Nous terminons en disant, que si la Providence conserve long-temps l'abbé Mayneau, il se rendra encore plus utile à l'Eglise par ses œuvres, et par d'autres écrits auxquels il travaille tous les jours.

Nous offrons avec satisfaction au public, ou plutôt à la Société chrétienne, l'Abrégé de la vie de l'abbé Mayneau, comme écrivains exacts, recevant les faits mémorables et authentiques de ses parens dignes de foi,

Signés, Mayneau père, négociant, propriétaire, électeur.

Guillaume Mayneau fils, négociant.

Jean-Tcl Mayneau fils, bachelier ès-lettres,

Ou plutôt de ce que nous avons vu nous mêmes, l'ayant long-temps connu.

FIN.

www.ingramcontent.com/pod-product-compliance
Lightning Source LLC
LaVergne TN
LVHW020249230826
846091LV00006B/2328
9782012468320